LEMERCIER DE NEUVILLE

LE PREMIER BAL

COMÉDIE EN UN ACTE

Pour Jeunes Filles

PARIS
LIBRAIRIE THÉATRALE
14, RUE DE GRAMMONT, 14

1889

LE PREMIER BAL

COMÉDIE EN UN ACTE

A LA MÊME LIBRAIRIE

DU MÊME AUTEUR :

Vient de paraître

LES ENFANTS AU SALON, 1 vol. in-18, par poste...... 3 fr. 25

SIX COMÉDIES DE JEUNES FILLES, 1 vol. in-18, par poste. 3 fr. 25

Comédies pour la Jeunesse

	G.	F.	PRIX
LES AMIS DE PROVINCE........................	2	4	1 »
L'ATELIER DE PEINTURE........................	3	4	1 »
LES AVOCATS................................	4	»	1 »
LE CRIME DE MOUTIERS........................	5	»	1 »
LE GÉNÉRAL PRUNEAU DE TOURS................	2	1	1 »
LE PATÉ....................................	3	1	1 »
TOUT-PARIS, revue par les Pupazzi..............			» 60

IMPRIMERIE GÉNÉRALE DE CHATILLON-S-SEINE. — M. PEPIN.

LE

PREMIER BAL

COMÉDIE EN UN ACTE

Pour Jeunes Filles

PAR

LEMERCIER DE NEUVILLE

PARIS

LIBRAIRIE THÉATRALE

14, RUE DE GRAMMONT, 14

1889

PERSONNAGES :

MADAME DU RONÇAY, 28 ans.

LUCIE, sa fille, 17 ans.

MADAME DE LANGE, mère de madame Du Ronçay, 60 ans.

JOSÉPHINE, femme de chambre de madame Du Ronçay, 18 ans.

GERTRUDE, gouvernante de madame de Lange, 65 ans.

Cette pièce est extraite de l'ouvrage intitulé : *COMÉDIES POUR JEUNES FILLES*, du même auteur.

LE PREMIER BAL

Un salon dans un château, près de Blois. — Piano. Table avec livres et journaux. Cheminée avec feu. Candelabres dont deux bougies sont allumées.

SCÈNE PREMIÈRE

MADAME DU RONÇAY, JOSÉPHINE.

JOSÉPHINE, entre en tenant une robe de bal.

Voici la robe de mademoiselle, qu'on vient d'apporter.

MADAME DU RONÇAY.

Voyons ! Elle est charmante !

JOSÉPHINE.

Mademoiselle Lucie sera jolie comme tout là-dedans !

MADAME DU RONÇAY.

Elle est simple et de bon goût ! C'est ce qu'il faut pour un premier bal. Le coiffeur est-il encore là ?

JOSÉPHINE.

Il est à coiffer mademoiselle. Est-ce que madame rentrera tard ?

MADAME DU RONÇAY.

Je ne pense pas. En tout cas, vous nous attendrez, Joséphine.

JOSÉPHINE.

Oh ! certainement, madame ! Comme mademoiselle Lucie va être heureuse ! Un premier bal ! Son entrée dans le monde !

MADAME DU RONÇAY.

Elle est encore bien jeune, dix-sept ans ! mais elle m'a tant suppliée...

JOSÉPHINE.

Elle n'en dort pas depuis huit jours !

MADAME DU RONÇAY.

Allons ! emportez cette robe, et dites à ma fille de venir me trouver dès que sa coiffure sera terminée; je veux voir si elle me convient.

JOSÉPHINE, emportant la robe.

Oui, madame.

Elle sort.

SCÈNE II

MADAME DU RONÇAY, seule.

Elle n'en dort pas depuis huit jours ! Je m'en aperçois bien ! Depuis que nos voisins de campagne, les Nerval, ont organisé cette fête, et que j'ai eu la faiblesse de consentir à y mener Lucie, son caractère est devenu impossible! Elle est d'une nervosité qui la rendrait malade, si elle devait attendre plus longtemps. J'ai eu tort de céder! C'est chez moi qu'elle aurait dû faire son entrée dans le monde. Elle ne m'obéit plus, elle se croit une petite femme, elle devient coquette, je ne la reconnais plus! Aussi, je lui ménage une petite épreuve; car, avant de lui donner du plaisir, je veux retrouver son cœur!

SCÈNE III

MADAME DU RONÇAY, LUCIE
en peignoir, coiffée et chaussée.

MADAME DU RONÇAY.

Eh bien! te voilà coiffée?

LUCIE.

Horriblement mal! Je ne sais pas ce que tu as recommandé à ce coiffeur; mais il n'en a fait qu'à sa tête sous prétexte que tu lui avais donné des ordres.

MADAME DU RONÇAY.

Mais je te trouve très bien ainsi! Que voulais-tu de plus?

LUCIE.

C'est une coiffure d'enfant! Comment! pas de frisures! Des cheveux tout simples! C'est mesquin! Et rien qu'une pauvre petite fleur naturelle dans les cheveux!

MADAME DU RONÇAY.

Des cheveux qui sont tous à toi, ma mignonne, et qui n'ont pas besoin d'adjonctions ni de bijoux!

LUCIE.

Enfin, tu l'as voulu! Mais je suis sûre que je serai horrible!

MADAME DU RONÇAY.

Moi, je suis sûre qu'on ne le pensera pas!

LUCIE.

Au moins, tu me prêteras des bagues et un de tes bracelets?

MADAME DU RONÇAY.

Nullement! Tu as ta petite bague avec des turquoises, qui est très jolie; ton bracelet, que t'a donné ta tante, est suffisant; il est inutile de te couvrir d'or et de pierres précieuses. Tu serais ridicule! Plus une jeune fille est mise simplement, plus elle est mise avec goût.

LUCIE.

Mais, enfin, je ne suis plus une enfant!

MADAME DU RONÇAY.

Si, ma chère Lucie, une enfant gâtée! Laisse ta mère te guider; elle a tout intérêt à être fière de toi. Tu as vu ta robe?

LUCIE.

Ah! bien justement! J'allais t'en parler! Mais c'est une robe de pensionnaire!

MADAME DU RONÇAY.

C'est une robe de jeune fille à son premier bal.

LUCIE.

Mais il n'y a rien ! pas un agrément ! On dirait une robe de première communion !

MADAME DU RONÇAY.

Toutes les jeunes filles qui seront chez madame de Nerval seront vêtues ainsi ! Allons, ma chère Lucie, aie confiance en ta mère.

JOSÉPHINE, entrant.

Mademoiselle veut-elle mettre sa robe ?

MADAME DU RONÇAY.

C'est moi-même qui vais habiller ma fille. Allons, viens, Lucie !

LUCIE, à part.

Je vais être drôlement fagotée ! — Oh ! c'est à renoncer à ce bal !

Elles sortent.

SCÈNE IV

JOSÉPHINE, seule.

Mademoiselle n'est pas de bonne humeur. Elle a peut-être raison ! Quand on va au bal pour la première fois, on veut être remarquée ! Une fleur dans les cheveux, ce n'est pas assez ! J'aurais voulu des perles, des diamants, des plumes ! Et puis une robe blanche, unie, en mousseline, sans rubans, sans rien ! Je ne comprends pas madame; elle n'est pourtant pas avare ! Enfin, quand le *Moniteur de la Mode* arrive chez nous, je suis la première à regarder les costumes ; ce n'est pas ça du tout. Moi, je sais bien que je ne m'habillerais pas comme ça ! (On entend la cloche du château.) Bon ! une visite ! à cette heure-ci ! Qui ça pourrait-il bien être? (Elle va regarder à la fenêtre.) Jean tient la lanterne, il aide à descendre ! Qu'est-ce que je vois? Madame de Lange, la mère de madame, et sa gouvernante. Elles tombent joliment bien ! — (Redescendant la scène.) Madame de Lange demeure à deux heures d'ici ; elle ne s'en retournera pas ce soir ! — Ah ! si ça allait les empêcher d'aller au bal, c'est mademoiselle Lucie qui ne serait pas contente !

SCÈNE V

JOSÉPHINE, MADAME DE LANGE, GERTRUDE, un petit cabas au bras.

MADAME DE LANGE.

Bonjour, Joséphine ! Bonjour, ma fille. Tu vas bien ?

JOSÉPHINE.

Oui, madame !

MADAME DE LANGE.

Et ma fille aussi, et ma petite Lucie ?

JOSÉPHINE.

Tout le monde va bien !

MADAME DE LANGE.

C'est au mieux ! Je suis venue surprendre mes enfants. J'ai pensé que ça leur ferait plaisir, car je m'ennuie toute seule dans mon grand hôtel de Blois.

JOSÉPHINE.

Madame et Mademoiselle vont être bien contentes de vous voir.

MADAME DE LANGE.

Vous allez apprêter ma chambre, n'est-ce pas, Joséphine, parce que ma vieille Gertrude est bien fatiguée : deux heures de voiture, l'hiver, la nuit, ça ne réchauffe pas ! — A propos, vous ferez du feu dans ma chambre et vous laisserez le cabinet de Gertrude ouvert pour que la chaleur entre. Au fait ! si vous mettiez une boule dans son lit, elle aurait plus chaud.

JOSÉPHINE.

J'en mettrai une aussi à Madame.

MADAME DE LANGE.

Inutile, ma bonne Joséphine. Moi, je n'ai pas froid.

JOSÉPHINE.

Je ais prévenir Madame.

MADAME DE LANGE.

C'est ça !

Joséphine sort.

SCÈNE VI

MADAME DE LANGE, GERTRUDE.

GERTRUDE, plaçant un fauteuil près de la cheminée.

Madame va s'asseoir là.

MADAME DE LANGE.

Je n'ai pas froid ! Tiens ! aide-moi à ôter mon

manteau... Merci ! Et mon chapeau. — Bien ! (Elle se regarde devant la glace et rajuste ses cheveux.) Je suis toute ébouriffée !

GERTRUDE, tirant de son cabas un fichu.

Madame va mettre ce petit fichu à son cou.

MADAME DE LANGE.

Mais je n'ai pas froid, Gertrude !

GERTRUDE, lui mettant le fichu malgré elle.

Madame veut toujours faire des imprudences ! — Un mal de gorge est si vite attrapé ! Maintenant, mettez-vous dans ce fauteuil.

MADAME DE LANGE.

Mon Dieu ! Gertrude, que tu es impatientante ! Il faut toujours t'obéir. Je vais griller au coin de ce feu.

Elle s'assied dans le fauteuil.

GERTRUDE.

Laissez-vous donc faire ! Est-ce que je ne sais pas ce qu'il vous faut ? Bon Dieu, si je n'étais pas là, vous seriez toujours malade ! Voulez-vous un coussin, là, sous vos pieds ? (Elle lui met un coussin sous les pieds.) Et un autre sous les reins ? (Elle lui met un autre coussin derrière le dos.) Vous savez que vous vous plaignez toujours des reins ! — Je vais vous donner votre tricot. (Elle lui donne son tricot qu'elle prend dans son cabas.) Êtes-vous bien ? Ne vous manque-t-il plus rien ? Ah ! votre livre !

Elle le met sur la cheminée.

MADAME DE LANGE.

Ma bonne Gertrude ! mais tu me gâtes trop ! Je suis très bien ainsi. A ton tour, tu vas me faire le plaisir de m'écouter : je n'ai plus besoin de toi, tu vas aller te coucher.

GERTRUDE.

Ah ! j'ai bien d'autres choses à faire ! Il faut que j'ouvre votre malle, que je range vos effets, que je voie si l'on n'a rien oublié.

MADAME DE LANGE.

Tu feras tout cela demain matin.

GERTRUDE.

Vous n'allez pas, je pense, vous coucher seule ?

MADAME DE LANGE.

Mais tu n'en peux plus !

GERTRUDE.

Je sais ce que j'ai à faire, madame. A vous entendre, je ne suis plus bonne à rien, et c'est vous qui me serviriez ! — Allez, madame, la vieille Gertrude est encore solide !

MADAME DE LANGE.

Tu es incorrigible !

SCÈNE VII

LES MÊMES, MADAME DU RONÇAY.

MADAME DU RONÇAY, allant embrasser sa mère.

Maman ! ma chère maman ! bonsoir ! tu n'es pas trop fatiguée ?

MADAME DE LANGE.

Pas du tout !

MADAME DU RONÇAY.

Comme je te remercie d'être venue ! Je suis sûre que tu n'as rien compris à ma lettre.

MADAME DE LANGE.

J'ai compris que tu voulais me voir, et je suis venue.

MADAME DU RONÇAY.

Il y a bien encore autre chose, je te dirai cela ! (Apercevant Gertrude.) Bonsoir, Gertrude, je ne vous avais pas vue.

GERTRUDE.

Je suis toujours où est ma maîtresse.

MADAME DU RONÇAY.

Je le sais ! vous la soignez bien et je vous en remercie !

MADAME DE LANGE.

Et Lucie ?

MADAME DU RONÇAY.

Elle va venir, elle s'habille.

MADAME DE LANGE.

Comment ? elle s'habille ! A cette heure ! Mais au fait, tu es habillée, toi aussi...

MADAME DU RONÇAY.

Je vais t'expliquer cela. Avant tout, il faut que tu dînes, car tu dois mourir de faim.

MADAME DE LANGE.

Je me suis lestée avant de partir, n'est-ce pas, Gertrude ?

GERTRUDE.

N'empêche que madame doit avoir faim.

MADAME DU RONÇAY.

Je m'en doute bien! Aussi t'ai-je fait préparer tout ce qu'il faut pour te réconforter. Donne-moi le bras, je vais te tenir compagnie! Gertrude, vous trouverez à la cuisine tout ce qu'il vous faut.

GERTRUDE.

Oh! moi, madame, je n'ai pas faim.

MADAME DU RONÇAY.

Vous ferez comme vous voudrez! Viens, maman! (A Gertrude.) Si Lucie vient, retenez-la, j'ai à parler à maman.

Madame de Lange sort au bras de madame du Ronçay.

SCÈNE VIII

GERTRUDE.

Il paraît que c'est sa fille qui l'avait demandée : elle ne m'avait pas dit cela. Je vous demande un peu si c'est raisonnable ; faire venir sa mère, le soir, à la campagne, en hiver! Et pourquoi? tout le monde ici se porte bien! Si j'avais su cela, nous ne serions venues que demain! Les enfants n'ont plus d'égards pour leurs parents! Je gronderai madame, ce soir.

SCÈNE IX

GERTRUDE, LUCIE, en toilette de bal.

LUCIE, à part, entrant.

Grand'mère avait bien besoin de venir ce soir! A

quelle heure allons-nous aller au bal, maintenant ! (Voyant Gertrude.) Bonsoir, Gertrude !

GERTRUDE.

Bonsoir, mademoiselle Lucie. Oh ! comme vous êtes belle !

LUCIE.

Tu trouves ? ma toilette est pourtant bien simple.

GERTRUDE.

Elle vous va très bien ! Mais savez-vous que vous êtes joliment grandie, depuis l'an dernier ? Vous êtes une grande fille, maintenant.

LUCIE.

Mais sans doute ! J'ai dix-sept ans !

GERTRUDE.

Déjà ! Comme le temps passe !

LUCIE.

Où est donc ma grand'mère ? je comptais la trouver ici.

GERTRUDE.

Elle soupe. Votre maman lui tient compagnie.

LUCIE.

Je vais aller l'embrasser !

GERTRUDE.

Elle doit avoir bientôt fini. Attendez-la plutôt ici. Vous lui ferez une surprise avec votre belle toilette.

LUCIE.

Tu la trouves belle, toi ? (Elle se regarde dans la glace.) Au fait, je ne suis pas mal !

GERTRUDE, riant.

Ah ! Ah ! Ah ! Vous n'avez guère changé, je vois.

LUCIE.

Pourquoi ris-tu ?

GERTRUDE.

Parce que... parce que vous venez de me rappeler un souvenir de votre enfance. Je vous vois encore : vous aviez dix ans, vous étiez espiègle et mignonne et d'une vivacité... la vivacité de votre grand'mère. Un dimanche, c'était bien un dimanche, on avait reçu beaucoup de monde au château et, pendant l'après-midi, tout le monde s'était répandu dans le parc. Vous... vous étiez restée. On vous cherchait partout, on vous appelait et vous ne répondiez pas. Enfin, au moment du dîner, comme chacun allait faire un bout de toilette dans ses chambres, on vous trouva dans la chambre de votre grand'mère, vêtue d'une de ses vieilles robes du temps de l'empire, poudrée, couverte de rouge et de blanc et debout sur une chaise, souriant au miroir et disant : — Tiens, tiens ! Mais je ne suis pas mal !

LUCIE.

Comment ? J'ai fait cela ! — Je ne m'en souviens pas.

GERTRUDE.

Et vous fûtes punie sévèrement.

LUCIE.

Vraiment ! Quelle punition m'a-t-on donnée ?

GERTRUDE.

On vous fit dîner à la cuisine, dans ce costume, avec tous les domestiques qui se moquèrent de vous si bien que vous vous mîtes à pleurer et qu'on vous coucha !

LUCIE.

Tu te souviens de tout cela, toi ?

GERTRUDE.

Dame, mademoiselle ! Je ne suis pas capable d'inventer une pareille histoire. Le lendemain, tout fut pardonné ! Je suis sûre que vous n'avez plus été coquette depuis ce jour-là.

LUCIE, *se regardant dans la glace.*

Les robes de ma grand'mère n'ont plus rien à craindre maintenant.

GERTRUDE.

Non ! Mais vous vous servez toujours des miroirs!

SCÈNE X

GERTRUDE, LUCIE, MADAME DU RONÇAY.

MADAME DU RONÇAY.

Gertrude ! Vous ferez servir le thé, ici, et vous direz à Joséphine d'allumer les bougies.

GERTRUDE.

Bien, madame !

Elle sort.

LUCIE.

Pourquoi des bougies allumées, maman ? Et le bal ?

MADAME DU RONÇAY.

Nous allons tenir compagnie à ta grand'mère.

LUCIE.

Mais le bal!

MADAME DU RONÇAY.

Ah! le bal! le bal! — Tu penses bien que, ta grand'mère venant nous surprendre ainsi, le soir, nous n'allons pas la laisser seule. Je ne lui ai pas parlé du bal. Pour expliquer nos toilettes, je lui ai dit que nous essayions des robes.

LUCIE.

Comme c'est contrariant!

MADAME DU RONÇAY.

Voilà tout le plaisir que te fait l'arrivée de ta grand'mère?

LUCIE.

Sans doute, je suis contente de la voir; mais enfin... ce bal!...

MADAME DU RONÇAY.

La voici, ne lui montre pas ta mauvaise humeur.

SCENE XI

LUCIE, MADAME DU RONÇAY, MADAME DE LANGE, GERTRUDE, avec le thé, JOSÉPHINE avec un allumoir, allume les candélabres.

MADAME DE LANGE.

Ah! Voici donc ma petite-fille! Viens m'embrasser, Lucie!

LUCIE, allant embrasser sa grand'mère.

Bonne maman !

MADAME DE LANGE.

Mais comme je la trouve grandie depuis que je ne l'ai vue ! C'est sans doute sa toilette qui la change ainsi. Mais cette robe lui va tout à fait bien ! On dirait une robe de bal.

LUCIE.

C'est une robe de bal aussi, grand'maman !

MADAME DE LANGE, à madame du Ronçay.

Tu plaisantes ! Tu ne comptes pas, je pense, mener ta fille dans le monde cette année. A dix-sept ans, c'est bien trop tôt ! L'an prochain, il sera temps.

LUCIE.

Comment ! Je...

MADAME DU RONÇAY, vivement.

Je lui ai fait faire cette robe pour les réunions de jeunes filles, les petits bals blancs de printemps.

MADAME DE LANGE.

A la bonne heure !

LUCIE, à part.

Allons ! bon ! Voilà bonne maman qui s'oppose au bal !

MADAME DU RONÇAY.

Mets-toi près du feu, maman.

MADAME DE LANGE.

Non, non ! C'est mauvais pour la digestion ! (A Gertrude.) Gertrude, place mon fauteuil près de la table et enlève-moi tous ces coussins !

GERTRUDE, elle place le fauteuil près de la table et prend le coussin du dossier. Pendant que madame de Lange s'assied, elle va chercher le coussin de pied qu'elle place.

Prenez garde au froid aux pieds.

MADAME DE LANGE.

Merci ! Donne-nous le thé. — Placez-vous près de moi, mes enfants, Lucie à ma droite.

Lucie s'assied à droite de madame de Lange, madame du Ronçay à gauche.

JOSÉPHINE, à madame du Ronçay.

Faut-il allumer les appliques ?

MADAME DU RONÇAY.

C'est inutile, nous n'avons personne.

Gertrude a servi le thé.

MADAME DE LANGE.

C'est bien ! Gertrude ! Je t'appellerai quand j'aurai besoin de toi.

Gertrude et Joséphine sortent.

SCÈNE XII

MADAME DE LANGE, MADAME DU RONÇAY, LUCIE.

MADAME DE LANGE.

Ah ! mes enfants, ça me fait du bien, d'être ainsi près de vous ! La bonne soirée que nous allons passer ensemble !

MADAME DU RONÇAY.

Chère maman !

MADAME DE LANGE.

A Blois, je suis bien seule! Après le souper, je fais des patiences, et Gertrude vient me tenir compagnie; mais sa conversation n'est pas très variée, et si je ne tripotais pas les cartes, je dormirais.

MADAME DU RONÇAY.

Tu n'as pas voulu venir t'installer près de nous!

MADAME DE LANGE.

Non, non! je vous gênerais... et ça me gênerait! Je n'en suis que plus heureuse quand je viens vous voir de temps en temps.

MADAME DU RONÇAY.

Pas assez souvent, à notre gré.

MADAME DE LANGE.

Ah ça, mais vous n'allez pas rester ainsi avec ces belle toilettes?

LUCIE, *vivement.*

Pourquoi pas, bonne maman? Ça ne nous gêne pas!

MADAME DE LANGE.

Je le crois sans peine! mais vous pourriez les abîmer.

LUCIE.

Non, non! Nous les garderons en ton honneur, n'est-ce pas, maman?

MADAME DE LANGE.

Alors, vous excuserez la mienne. Je me figurerai que je suis au bal. Il y a bien longtemps que je n'y ai été.

LUCIE.

Tu aimais la danse?

MADAME DE LANGE.

Beaucoup ! Je croyais que je l'aimerais toujours, mais... ça passe !

LUCIE.

Oh! moi, j'adore la danse ! Et je suis bien sûre que ça ne me passera pas.

MADAME DE LANGE.

Je disais cela aussi ! Et maintenant, je remplace le quadrille par la lecture. Sais-tu lire, Lucie?

LUCIE.

Sans doute, bonne maman.

MADAME DE LANGE.

Oui, tu sais lire ; mais je veux dire : lire comme il faut, ce n'est pas facile ! Ecoute ! Les vieillards sont privés de bien des plaisirs : ils n'ont plus l'imagination de la jeunesse, et l'âge et les maladies leur refusent bien des satisfactions ; il leur en reste, cependant, auxquelles ils s'attachent d'autant plus qu'elles sont plus restreintes, ce qui fait qu'elles deviennent pour eux des habitudes... des manies. J'en ai comme les autres, et il faut me les passer...

LUCIE.

Que veux-tu dire, bonne maman ?

MADAME DE LANGE.

Une de ces habitudes, car j'en ai plusieurs, est la lecture. A Blois, le soir en attendant Gertrude, je mets mes lunettes, car mes yeux sont faibles, et je lis quelques pages de mes vieux auteurs. Ils ne sont pas toujours amusants, mais ils ne m'ennuient pas. Pour épargner mes yeux, veux-tu, ce soir, me servir de lectrice ?

LUCIE.

Avec plaisir, bonne maman ! (*A part.*) Mon Dieu, si je pouvais l'endormir !

MADAME DU RONÇAY.

Quel est ton auteur favori ?

MADAME DE LANGE.

Oh ! j'en ai plusieurs ! En ce moment, mon favori est Ernest Legouvé. Tu ne le connais pas ?

LUCIE.

Mais si, j'ai lu le *Mérite des femmes.*

MADAME DE LANGE.

Le *Mérite des femmes* est l'œuvre de son père, mais lui aussi a chanté la femme. Le livre est là, sur la cheminée ; j'ai marqué la page où j'en suis restée ; continue.

LUCIE, *allant chercher le livre et se rasseyant.*

Lisant. « L'AME ET LE CORPS. »

MADAME DE LANGE.

C'est cela !

MADAME DU RONÇAY.

Pendant ta lecture, tu permets que je donne un ordre ?

MADAME DE LANGE.

Va donc, mon enfant, je t'en prie.

Madame du Ronçay sort.

SCÈNE XIII

LUCIE, MADAME DE LANGE.

MADAME DE LANGE.

Allons, commence.

LUCIE, lisant.

« L'AME ET LE CORPS

» Un jour l'âme et le corps d'un sage,
» Tirant chacun de son côté,
» Se souhaitaient un bon voyage
» Aux portes de l'éternité.
» Par un fil se tenant à peine,
» En bons époux, sous l'œil de Dieu,
» Ils disputaient à perdre haleine :
» Adieu, mon corps ! — mon âme, adieu ! »

A part.

» Adieu, mon bal ! mon bal, adieu !

Haut.

» O mon corps ! dans notre ménage
» Tu fus plus despote que roi :
» Voulais-je chanter dans ma cage,
» Monsieur était goutteux : Tais-toi !
» Bonne âme, voulais-je une messe,
» Tu me menais loin du saint lieu.
» Fêter... Dieu sait quelle déesse !
» — Adieu, mon corps ! — Mon âme, adieu ! »

A part.

— Elle ferme les yeux... Je vais en passer...

Haut.

» Après trente ans passés ensemble,
» Il faut nous quitter à jamais :
» Ah ! je sens, à ma voix qui tremble,
» Mon compagnon, que je t'aimais !
» Nous reverrons-nous ? Je l'ignore...
» Tu tombes, je remonte à Dieu.
» Ah ! serrons-nous la main encore !
» — Adieu, mon corps ! — Mon âme, adieu ! »

Elle dort ! Evidemment, elle est fatiguée; elle ferait bien mieux de se coucher, et nous, pendant ce temps, nous pourrions aller... Je vais avertir maman ! (Elle se lève, marche sur le bout du pied et va appeler madame du Ronçay, à la porte du fond.) Maman, maman ! Grand'mère dort !

SCÈNE XIV

MADAME DE LANGE, LUCIE, MADAME DU RONÇAY.

MADAME DU RONÇAY, entrant.

Qu'y a-t-il, mon enfant ?

LUCIE.

Grand'mère s'est endormie ! Nous allons pouvoir aller au bal !

MADAME DU RONÇAY.

Y songes-tu ? — D'abord, je connais ce petit sommeil de digestion, il est très court; et puis, comment lui dire...

LUCIE.

Nous ne lui dirons rien! Quand elle sera couchée, nous irons, et elle n'en saura rien.

MADAME DU RONÇAY.

Elle peut l'apprendre et se blesser de notre cachotterie.

LUCIE, tristement

Il faut donc renoncer définitivement à ce bal?

MADAME DU RONÇAY.

Juge toi-même... Mais tiens, voilà ma mère qui se réveille.

MADAME DE LANGE, se réveillant.

C'était très joli! Du moins ce que j'ai entendu, car, ma foi, je me suis endormie! Ça m'arive parfois!... Encore une habitude de vieillard... Tu lis très bien, mignonne! Cela t'a-t-il intéressée? c'était un peu sérieux pour toi.

LUCIE.

Tu es fatiguée, bonne maman, si tu allais te reposer?

MADAME DE LANGE.

Moi! c'est fini! Je suis éveillée comme un pinson Maintenant, je passerais la nuit.

LUCIE, à part.

Et moi, donc!

MADAME DE LANGE.

Ah! ça, mais. si je m'en souviens, tu étais devenue assez forte au piano.

MADAME DU RONÇAY.

Elle prend toujours des leçons.

MADAME DE LANGE.

Pour m'éveiller tout à fait, tu vas me jouer un morceau,... un gai ! Moi je n'aime pas la musique triste ! Je n'y comprends rien. Joue-moi de la musique de danse : une valse, une polka !

LUCIE, à part.

De la musique de danse ! Et moi qui voudrais si bien danser !

MADAME DE LANGE.

Tu dois savoir cela par cœur.

MADAME DU RONÇAY.

Sa musique est sur le piano.

LUCIE, à part.

Allons, du courage ! Ah! j'aime bien bonne maman, mais pas ce soir !

MADAME DU RONÇAY.

Veux-tu que je te tourne les pages ?...

LUCIE, se mettant au piano.

C'est inutile !

Elle joue une valse.

MADAME DE LANGE.

C'est charmant !

LUCIE.

Oh! Elle est très dansante... Tu valsais autrefois, grand'maman ?

MADAME DE LANGE.

Non, mignonne ! On ne nous le permettait pas; mais nous dansions la gavotte et le menuet.

LUCIE.

Le menuet ?

MADAME DE LANGE, se levant.

Une danse noble, qui avait grande allure ! Tiens ! je vais t'en donner une idée.

LUCIE.

Quoi ! Tu vas danser, grand'mère ?

MADAME DE LANGE, à Lucie.

Viens ! donne-moi la main. — (A madame du Ronçay.) Mets-toi au piano et joue-nous le menuet d'Exaudet. — (A Lucie.) Place-toi comme cela, près de moi, et fais tous les pas et gestes que je fais moi-même. (Madame du Ronçay joue l'air. — Elles dansent.) C'est cela ! Lentement ! Une belle révérence ! On n'en fait plus aujourd'hui, de révérence ! Cela se comprend ! A qui les ferait-on ?

Elles finissent la danse.

LUCIE, riant.

Ah ! Ah ! Ah ! Ah ! Bonne maman ! Que c'est drôle !

MADAME DE LANGE.

Tu trouves cela drôle ! toi ! En effet, avec ces grands airs, ces salutations cérémonieuses, il faut d'autres costumes : il faut la poudre et l'épée, les paniers et les habits de soie, et non pas des cavaliers habillés en croque-morts et des danseuses en robe courte.

MADAME DU RONÇAY.

Mais tu dois être fatiguée, ma mère !

MADAME DE LANGE.

En effet ! Et je vais aller me reposer. Je ne m'attendais pas à danser un ballet ce soir ! A soixante ans... passés ! — (A Lucie.) Mignonne, va me chercher Gertrude !

LUCIE, vivement.

Tout de suite ! Bonne maman !

Elle sort.

SCÈNE XV

MADAME DE LANGE, MADAME DU RONÇAY.

MADAME DE LANGE.

Eh bien ! es-tu satisfaite ? Ai-je assez bien rempli mon rôle d'importune ? Pauvre Lucie ! Je la voyais fiévreuse, impatiente, ne songeant qu'à son bal ! Et c'est si naturel, à dix-sept ans ! Elle n'a pas bronché tout de même.

MADAME DU RONÇAY.

La leçon est dure, en effet. J'ai voulu lui faire acheter son bal, pour la punir de sa coquetterie.

MADAME DE LANGE.

Bien légitime ! Car elle est charmante.

MADAME DU RONÇAY.

Oui, mais elle n'est pas encore arrivée où j'aurais voulu !

MADAME DE LANGE.

A quoi donc ?

MADAME DU RONÇAY.

A y renoncer !

MADAME DE LANGE.

Ah ! tu en demandes trop !

MADAME DU RONÇAY.

Non! ce n'est pas trop! Il est bon de lui apprendre, et de bonne heure, que, dans la vie, les espoirs les plus grands sont déçus et qu'il faut toujours subordonner ses plaisirs à ses devoirs. Elle n'a pas encore compris cela: aussi, je vais lui porter le dernier coup.

MADAME DE LANGE.

Que vas-tu faire?

MADAME DU RONÇAY.

Tout à l'heure, Joséphine va m'apporter une lettre m'annonçant que le bal est contremandé. Je veux voir comment elle prendra cela.

MADAME DE LANGE.

Et tu la priveras réellement du bal?

MADAME DU RONÇAY.

C'est selon!... La voici.

SCÈNE XVI

MADAME DE LANGE, MADAME DU RONÇAY, LUCIE, GERTRUDE.

MADAME DE LANGE.

Allons! Bonsoir, mes enfants! (Elle embrasse sa fille et Lucie.) Je te remercie, mignonne, du plaisir que tu m'as fait! Il y a longtemps que je n'ai passé une aussi bonne soirée... Et toi?

LUCIE.

Et moi aussi, bonne maman!

MADAME DE LANGE, *à part.*

La petite masque! Elle n'en pense pas un mot. (*Haut.*) Bonsoir, mes enfants! Bonsoir!

Elle sort avec Gertrude.

SCÈNE XVII

MADAME DU RONÇAY, LUCIE,
puis JOSÉPHINE.

LUCIE, *à part.*

Enfin! (*Haut.*) Maintenant, maman, nous allons pouvoir...

JOSÉPHINE, *entrant avec une lettre.*

Madame....

MADAME DU RONÇAY.

Qu'est-ce que c'est?

JOSÉPHINE.

Le domestique de madame de Nerval vient d'apporter cette lettre.

MADAME DU RONÇAY.

Donnez!... (*Lisant.*) Une indisposition subite... Le bal est contremandé!

LUCIE, *s'asseyant, stupéfaite.*

Contremandé!

MADAME DU RONÇAY, *lui montrant la lettre.*

Lis toi-même!

LUCIE.

C'est une fatalité!

MADAME DU RONÇAY.

Laissez-nous, Joséphine !

Joséphine sort.

MADAME DU RONÇAY.

Il ne nous reste plus qu'à aller nous coucher.

LUCIE.

Je n'ai pas du tout envie de dormir, moi ! Dis donc, maman, si tu rappelais grand'mère ? J'ai été bien maussade avec elle ! nous finirions la soirée ensemble, et je serais gentille tout plein.

MADAME DU RONÇAY.

Le fait est que tu lui as fait un triste accueil.

LUCIE.

Que veux-tu ? Ce bal me trottait par la tête ! J'avoue que j'ai bien mérité d'en être privée ! Grand'-maman n'a rien dit, mais je suis sûre qu'au fond elle a dû trouver sa petite-fille désagréable ! Nous allons réparer cela ! — Ce bal ! — Vraiment, c'est insensé, comme l'attente du plaisir rend égoïste !

MADAME DU RONÇAY.

Voilà de bons sentiments ! Mais, si le bal avait lieu, tu ne les aurais pas ?

LUCIE.

Je t'avoue, mère, que je regrette ma bouderie...

MADAME DU RONÇAY.

Bien sincèrement ?

LUCIE.

Bien sincèrement ! Que veux-tu ? je suis un peu gâtée... C'est ta faute ! J'aurais dû sacrifier ce bal tout de suite, quand bonne maman est arrivée ! Va la chercher; je vais lui dire le motif de ma mauvaise humeur, et lui en demander pardon... Elle aussi a eu dix-sept ans... elle m'excusera.

MADAME DE RANÇAY, *embrassant sa fille.*

Enfin, je te retrouve, ma chère Lucie!

SCÈNE XVIII

LES MÊMES, MADAME DE LANGE, GERTRUDE, JOSÉPHINE.

MADAME DE LANGE.

Eh bien, eh bien! Que faites-vous là? Vous perdez votre temps!

LUCIE.

Que veux-tu dire, bonne maman?

JOSÉPHINE.

La voiture de madame est prête.

LUCIE, *étonnée.*

La voiture! Mais nous n'allons pas...

MADAME DE LANGE.

Vous n'allez pas vous coucher. Mais vous allez au bal! Allons, vite, en voiture!

LUCIE.

Au bal! Comment, tu savais...

MADAME DE LANGE.

Je savais tout : j'étais complice. C'était une épreuve!

LUCIE.

Et je l'ai bien mal subie...

MADAME DU RONÇAY.

Tout est réparé!

MADAME DE LANGE.

Et demain, mignonne...

LUCIE.

Oh! demain, grand'mère, demain, je te ferai oublier ma mauvaise humeur, je serai toute à toi! Aujourd'hui, tu m'as appris le menuet: demain, je t'apprendrai...

MADAME DE LANGE.

Merci! A mon âge on ne valse plus...

FIN

Imprimerie Générale de Châtillon-sur-Seine. — M. Pepin.

PIÈCES POUR LA JEUNESSE

	H.	F.	Prix
Les amis de province	2	4	1 »
L'atelier de peinture	3	4	1 »
Les avocats	4	»	1 »
Le billet de loterie	6	»	1 »
Un cercle de femmes	1	7	1 »
La cigale et la fourmi	»	6	1 »
Les conseils de mon oncle	3	1	1 »
Un coup de tête	»	2	1 »
Le crime de Moutiers	5	»	1 »
Les cuisinières	»	7	1 »
Deux mères	»	5	1 »
Une discrétion	»	2	1 »
La dot d'Alice	»	2	1 »
Un fiancé anonyme	»	5	1 »
La grande sœur	»	2	1 »
Le général Pruneau (de Tours)	2	1	1 »
La malade imaginaire	6	»	1 »
Malices perdues	1	1	1 »
Mentor (charade)	»	4	1 »
La négresse	»	5	1 »
Le paté	3	1	1 »
Pensum (charade)	»	6	1 »
Les pommes de la mère Aubry	»	3	1 »
Le premier bal	»	5	1 »
Un premier habit	1	1	1 »
Le prix d'honneur	»	2	1 »
Les souhaits interrompus	»	4	1 »

IMPRIMERIE GÉNÉRALE DE CHATILLON-SUR-SEINE. — M. PEPIN.

www.ingramcontent.com/pod-product-compliance
Ingram Content Group UK Ltd.
Pitfield, Milton Keynes, MK11 3LW, UK
UKHW021957260726
13994UKWH00004B/1813

9 782329 432212